당신이 있어
세상이 아름답습니다

이 도서의 국립중앙도서관 출판시도서목록(CIP)은 e-CIP홈페이지(http://www.nl.go.kr/ecip)와 국가자료공동목록시스템(http://www.nl.go.kr/kolisnet)에서 이용하실 수 있습니다.
(CIP제어번호: CIP2015011123)

마음을 전하는 캘리그래피

당신이 있어 세상이 아름답습니다

나승인 지음

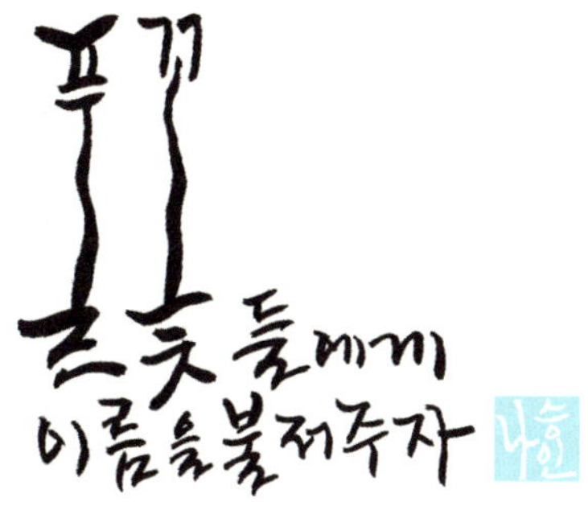

—

하늘꽃 되신 어머니와
봄, 여름, 가을, 그리고 겨울까지
이 땅에 피고 지는 모든 풀꽃님과 눈꽃님들께
이 책을 바칩니다.

작가의 말

문학에 취해 학점에 초연하던 친구들 덕분에 대학을 줄곧 장학생으로 다녔다. 학부생인 나를 조수로 삼고 다달이 생활비를 대주시던 최동호 교수님의 도움도 컸다. 별 재주는 없고, 마음의 빚을 갚는 길은 시나 소설처럼 살아가는 모습을 보여주는 것뿐이었다. 그래선지 곡절이 많았고 생각도 많아졌다. 차츰 글이 써지기 시작했다.

특별한 날, 아이들에게 줄 국어 선생다운 선물을 생각하다 붓을 들게 되었다. 몇 해가 지나자 아이들이 직접 쓰신 거냐고 물으며 신기해했다. 학부모를 만나면 표구해서 걸어놓고 있다는 얘기도 자주 듣게 되었다. 정초에는 연하장을 써서 벗들에게 주었고, 위로하고 격려할 일이 있을 때도 써서 주었다. 이십 년쯤 되다 보니 주변에서 책으로 한번 내보라는 얘기가 나오기 시작했다. 이런 책을 내리라곤 전혀 생각지도 못했는데, 이런 일이 벌어졌다. 모두에게 고마울 뿐이다. 더 나누며 살아야겠다.

차례

2장

오늘도 행복합니다

3장

오늘도 사랑합니다

4장 오늘도 희망합니다

1장

오늘도 생각합니다

빛에 묻혀 보이지 않는 한없이 작은 꽃
꽃마리가 피어 있어 물었다
넌 눈에 띄지도 않는데 왜 피었니
봄이니까 피었지, 꽃들은 봄이 오면 피는 거야
봄이라도 이렇게 날씨가 사나운데
그래도 봄은 봄이잖아
나는 얼굴을 붉히며 사람들이 봉오리만을 귀애할 뿐
꽃이 피면 곁을 떠나버리는
버드나무에게로 가서 물었다
넌 왜 꽃을 피우니, 꽃인 줄도 몰라주는데
봄이잖아, 꽃들은 봄이 오면 피는 거야
나는 가벼이 한숨을 내쉬며 단풍나무에게로 갔다
단풍나무 가지마다 꽃들이 만발해 있었다
더는 물을 수 없었다
단풍나무, 벌들에게 꿀을 내어주느라
매우 분주하였으므로

꽃들은
봄이 오면
피는 거야

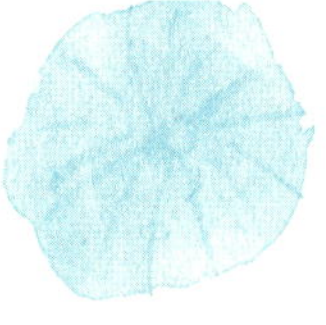

봄의 마음
으로 살면
내 마음이 봄이다

가녀린 꽃잎으로 노란 산수유 가장 먼저 피어나고
봄비에 매화 꽃망울 맨 얼굴로 문 열고 나오는데
나 무엇을 주저하리
이 골 저 골 움츠렸던 물 한데 모여 흐르고
물가 바윗돌 햇살과 도란도란 속삭이는데
나 어찌 어둔 방 안에 들어 있으리
불탄 자리에서 고사리 더욱 손을 내밀고
독한 약 뿌린 둔덕에도 파릇파릇 새싹 돋아나는데
나 누구를 미워할 수 있으리
봄이 왔는데
나 무엇을 아까워하리
차가운 눈 속을 차라리 온실로 여기며 자란 냉이
눈먼 발자국에 잎은 짓밟혀도
밟힐 때마다 더 꼿꼿이 땅 속 깊이 내린 뿌리까지
우리들 밥상의 봄을 위해 송두리째 내어주는데
봄이 오고야 말았는데

딸들아
너희와 함께 걸었던 한풍루에 가보았구나
벚꽃 화사하게 피어있는 게 우리 큰 딸들 같고
수양버들 가녀리게 흔들리는 게 우리 막내 같고
그런데 그 사이로 붉은 해가 산 넘어가고 있더구나
그 모습 눈에 담아가려 한참을 바라보니
지는 해의 붉은 길이 아빠의 길이었더구나
아침에 떠서 저녁에 지는 해처럼
아빠의 길에는 애당초 목표가 없었더구나
아빠는 너희 비추는 길을 다만 갈 뿐
너희는 너희의 길을 가는 것이더구나
아직 젊고 또 어려 너희의 길은
나무의 길, 꽃의 길이 되겠더구나
흔들리지 않게 뿌리를 깊게 내리고
때를 알고 피어서 야무지게 열매 맺는
나무의 길, 꽃의 길을 가거라, 딸들아
너희가 꽃 핀 저물녘이면 아빤
너희로 하여 붉어진 노을빛으로
너힐 비추고 있을 것이니

딸들아

꽃의 길을 가거라

구름에
달 가듯이

구름 사이로 비치는 하얀 달을 보고 있노라면
마치 달이 흘러가는 것만 같다
고고함이란 저와 같다
흘러가는 것 같아도 흘러가지 않는
그러나 가야 할 곳으로 흘러가는

풀잎이슬

이슬은 대개
가느다란 풀잎 끝에 몸을 얹는다
하늘과 좀 더 가까워지고 싶어서다
이슬이 몸을 구부려 둥글어지는 것도
온몸 가득 하늘을 담아보고 싶어서다
그 작은 몸으로 하는 짓이 어여뻐서
햇살은 아침마다 이슬을
하늘에 데려다준다

느티나무는 단풍에 초연하다

가을바람이 불면 나는 불안해진다
노인정 느티나무 어떤 빛깔로 물들까
오랜 세월 마을의 전설을 새기며 굵어진 줄기 위에
온 동네 사람들 들 수 있게 그늘을 드리우는 나무
허나 가을마다 아름다운 단풍 물들지 않았다
지난해도 그 전 해에도 노랗게도 발갛게도 물들지 않고
이른 서리에 갈색으로 시들어 떨어져버렸다
지켜본 지 십여 년에 곱게 물든 모습 두어 번뿐
그래도 느티나무
봄이 되면 어김없이 여린 잎눈을 틔우고
여름엔 자신의 모든 수액을 끌어올려 잎을 피웠다
그리고 가을이 오면
하늘과 바람에 모든 잎들을 맡긴 채
수액을 서서히 끌어내리는 것이었다
느티나무는 여름에 최선을 다했으므로
가을 단풍에 연연하지 않는 것이었다
마을마다 느티나무를 심어 모시는 까닭이었다

무량수전

옛사람 깊은 마음 시공을 헤아리니
배흘림 큰 나무는 죽어서도 천 년 살고
아홉 단 축대 위 서니 강산이 무량하다

알밤을

가을이 여물어가는 나무 아래 서면
토실한 알밤들이 절로 투둑투둑 떨어진다
이른 계절 철모르는 아이들이
후려치고 짓이겨도
좀체 몸 보여주지 않던 알밤들이
조그만 바람에도, 바람이 아닌 것에도
시나브로 떨어져내린다

줍듯이

밤빛 얼굴에 밤 속 같은 웃음 머금고
동네 할머니 두어 분 도란도란 밤을 줍는다
익을 때가 되면 익고
떨어질 때가 되면 떨어진다는 것을
오래 지켜본
할머니들은 알고 있는 것이다

소나무 숲에 가면
나무들 흔들림 없는데
바람이 불 때마다
맑은소리 고운 향기
숲 속에 가득하다

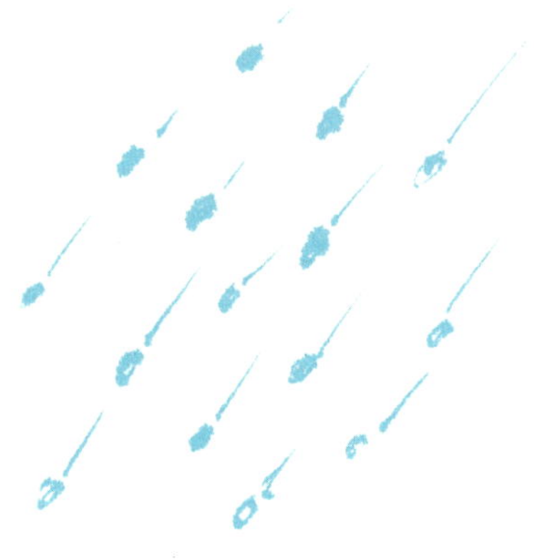

빗물이 땅에 스며 더욱 맑아지는 까닭은
제자리에 있기 위함이 아니라 흘러가기 위함이다
흘러가며 세상 씻어주기 위함이다

깊은 골
맑은 물

해가 지면 해가 뜰 때까지
나를 지켜주겠다던 그 약속이
참말이었음을 오늘에야 알았습니다
슬픈 꿈으로 뒤척이다 잠 깬 새벽
뒷산 위에 두둥실 겨울 보름달
하얗게 빛을 뿌리고 있었습니다
밤새 나의 창가를 서성였을 당신
나는 아무 두려움도 없이
산짐승이 무서운 새벽 산을
당신의 빛으로 올랐습니다
이윽고 내려오는 길
동쪽 하늘 여명이 밝아오자
나의 어두운 길 비춰주던 당신
해맑게 웃으며 서산마루 넘어가고 있었습니다

겨울 보름달
같은 당신

소나무가 사시에 푸른 것은
겨울이면 제 몸 한 조각 미련 없이 내려놓을 줄 알기 때문이다
잎 떨군 나무들 가벼이 바람 피하고 있을 때
소나무는 온몸으로 바람 맞아 향기로운 소리 들려주다가
함박눈 펄펄 날리는 고요한 밤이면
따닥 딱, 찢기어 매달리지 않고
제법 실한 가지 하나 시원스럽게 눈에게 내어준다
푸름을 빛나게 해준 눈에 대한 예의라 싶기도 한 것이다
가지 하나 꺾이었다고 소나무 아닌 것이 아니다
이미 모든 걸 잃어버려 내어줄 게 없는 나무들 사이에서
아직도 내어줄 게 많은 소나무는
그래서 푸르름을 잃지 않고 있는 것이다

가지 하나
꺾이었다고

아닌 것이
아니다

소나무도 낙엽이 진다

소나무의 변함없음을 찬양하지만
가을 소나무 숲길을 걸어본 사람은 안다
붉은 흙길 위에 노랗게 떨어져 쌓인 솔잎들
그 뾰쪽한 바늘잎들이
얼마나 보드랍게 발길 받아주는지를
지난 시절 아궁이에 불 지펴본 사람도 안다
소나무의 솔가리만큼
불땀 좋고 향기로운 마른 잎이 없었다는 것을

소나무도 낙엽 질 때 낙엽을 지우는 것이다
꽃이 필 때 꽃을 피우고
열매 맺을 때 열매 맺는 것처럼
그리고 다만 하얀 눈 속에
홀로라도 푸르기 위해
푸른 잎을 남겨서 푸른 것이다

일찍 찾아온 화창한 봄
제법 자란 천변도로 벚나무들
상기된 꽃망울마다 하얀 웃음을 물고 있었다
이대로 며칠이면 멀리 가지 않아도
향기로운 꽃길 걸을 수 있겠다 싶었는데
북으로 가던 추위 갑자기 뒤돌아섰다
나무들 혼비백산하여 핀 꽃들은 떨어지고
망울들은 깊숙이 얼굴을 묻었다
따뜻한 날이 다시 돌아왔지만
져버린 꽃자리마다 파란 잎들 돋아나
움츠렸던 망울들 열심히 꽃을 피워내도
끝내 벚꽃다운 화려함을 되찾지 못했다
멀리 가보았다
오래된 나무들 하얗게 꽃구름을 피워올리고 있었다
일찍 찾아온 봄기운에 들뜨지 않고
문 열고 나가야 할 때를 기다릴 줄 안 까닭이었다

큰나무는
봄이와도
서둘지
않는다

이름만 들어도 장엄하게 다가오는 백두대간
허나 대간이 늘 장엄한 것은 아니었다
때론 진흙길로 미끄러지기도 하고
어느 농부네 채소밭으로 내려서기도 하고
그러다 길을 놓치기도 한다
대간이라 해서 늘 높은 봉우리로 솟는 것도 아니었다
크고 잘생긴 봉우리 눈앞에 두고
못난 줄기로 길을 잡아야 길을 잃지 않을 때도 있다
그러나 누가 감히 대간을 낮추어볼 것인가
땅에 내려섰다가 다시 솟고
우뚝 일어섰다가 다시 낮아져
작은 산도 큰 산도 미운 산도 고운 산도
모두 모두 불러일으켜 처진 어깨 다독이며
백두는 지리까지 지리는 백두까지
먼 길 힘차게 한걸음으로 가는
저 백두대간을

발을 없다

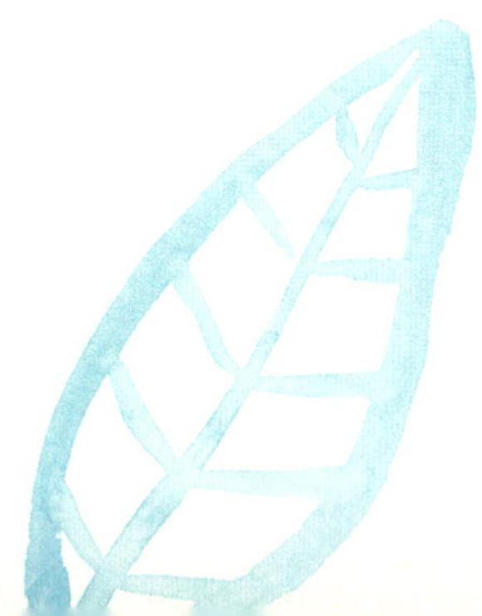

밭고랑에 거침없이 돋는 풀들
잡초로만 알고 뽑다가 뽑다가 지쳐
검은 부직포로 덮어버릴까 하다 보니
그 속에 비름나물 섞인 걸 알았다
그것들 놓아두고 다른 것들만 뽑아냈더니
고랑 하나가 비름나물 밭이 되었다
그 건너 냉이 줄기 제법 자란 것이 있어
실컷 씨 퍼뜨리게 했더니
해마다 그 고랑은 냉이밭이 되었다
잡초 고랑이 비름밭 냉이밭 되고 보니
섞여드는 다른 풀도 밉지 않게 보였다

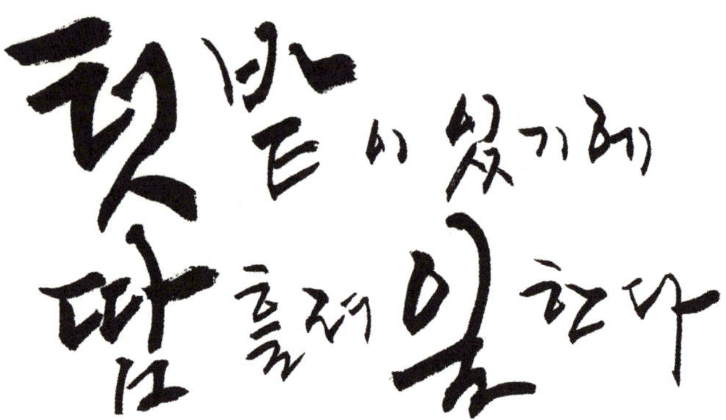
텃밭이 있기에
땀 흘려 일한다

산이 있어 오른다던
어느 산악인의 말이 옳았네
봄이 와서 온 하루 텃밭일을 하다 보니
몸도 지치고, 더 마음 써야 할 일들도 떠오르고
돈으로 치면 외려 손해일 뿐인 것을
생각하다 문득 떠올랐네
산이 없으면 오를 일이 없는 것이구나
밭이 없으면 땀 흘릴 일 없고
길 없으면 걸을 일 없고
사람이 없으면 슬플 일도 없는 것이구나
해가 지니 아름다운 노을을 보고
해가 뜨니 아침을 맞는 것이구나
그리하여 다음 날 아침 나는
아스팔트 위를 기어가고 있는 지렁이 한 마리
풀숲으로 밀어 넣어주었네

태풍이 올라오던 날, 안성 두문마을 낙화놀이. 어둠 속 연못 위에 빨간 불씨들이 떨어지는 모습은 경이로웠다. 숲이 막아선 쪽은 꽃비가 내리는데 트인 쪽에선 수만 개의 불화살이 날았다. 이렇게 신비로운 아름다움을 누가 지었나 둘러보니, 주름 패인 늙은 농부들 말고 아무도 없었다. 참 대단하십니다 하니, 옛날 어르신들 하던 대로지 뭐 하신다. 조상님이 짓던 땅에서 조상님이 노시던 대로 따라 노는 것이 예술이 되다니, 놀랍다 생각하다 한편으론 그리 놀라울 것도 없었다. 농부들이 가꾸어놓은 조각보 같은 논밭이나, 삽자루 둘러메고 석양 논길을 걸어가는 모습은 그림 너머의 풍경 아니었던가. 농부들은 예술 속에서 살고 있는 것이었다. 그래서 농부들이 가난한 것이었다.

그래서 감사하다

한 번 까지 아름답게

벚나무는 단풍도 곱다
줄기가 단단히 여물지 못해 느티나무 같은
목재가 될 수 없단 걸 아는 까닭에 벚나무는
가장 화사하게 꽃을 피우고 낙화로 분분하다
반짝이는 푸른 나무를 지나
가을이 되면 가장 먼저 잎을 떨구는데
한 잎도 두 잎도 아니고
수북이 마른 잎을 쌓아놓는다
제가 지닌 색소가 얼마인지를 아는 까닭이다
모든 잎들을 물들이려다 푸른과 붉은 어디쯤에서
흑갈색으로 말라버릴 거란 걸 잘 알기에
벚나무는 절반이 넘는 잎들을 내려놓고서야
남은 잎들을 물들이기 시작한다
그리하여 마지막 한 잎까지
발갛게 발갛게 물들인다

가지 하나
꺾이었다고

소나무

아닌 것이
아니다

소나무가 사시에 푸른 것은 겨울이면 제 몸 한 조각 미련없이 내려놓을 줄 알기 때문이다 잎 떨군 나무들 가벼이 바람 피하고 있을 때 소나무는 온 몸으로 바람 맞아 향기를 소리 들려주다가 함박눈 펄펄 날리는 고요한 밤이면 따닥 딱 찢기어 매달리지 않고 제법 실한 가지 하나 눈에게 내어준다 푸름을 빛나게 해준 눈에 대한 예의라 싶기도 한 것이다 가지 하나 꺾이었다고 소나무 아닌 것이 아니다 이미 모든 걸 잃어버려 내어줄게 없는 나무들 사이에서 아직도 내어줄게 많은 소나무는 그래서 푸르름을 잃지 않고 있는 것이다

2장

오늘도 행복합니다

마음 절약

마음에도 부피가 있다
우리가 지닌 재산이 풍족하지 않듯
우리가 가진 시간이 정해져 있듯
우리가 품은 마음의 양도 넉넉지 않다
그러니 그것을 함부로 쓸 순 없다
헛된 욕망과 근심으로 마음을 낭비하지 않으려면
원망과 미움으로 사랑할 마음까지 다 써버리지 않으려면
마음의 가계부라도 써야 한다
가계부를 열심히 적는 주부는
쪼들려도 사람 도리는 해가며 사는 것처럼
우리의 마음도 알뜰히 쪼개 쓸 때
가난해도 풍요로워질 수 있다

모두들 떠나버렸지요
잎만 무성한 채 꽃이 피지 않는 나를
누렇게 시든 잎 허물어지고
뜨거운 태양이 내 몸에 남은
마지막 수분마저 가져가려 할 때
나는 나를 격려했지요
누구도 원망하지 말고
오직 아름다운 것만을 생각하자고요
밤에는 별들의 숨소리에
낮에는 작은 꽃들의 웃음소리에 귀 기울였지요
그래서 그랬을까요
어느 날 문득 내 귀가 커진 것을 느꼈어요
한 번 커지기 시작한 귀는 쑥쑥 자라
내 잎이 섰던 자리까지 자라
어머니들처럼 뽀얀 속살을 용감하게 내보이는데
글쎄 거기에 내 얼굴이
발갛게 웃고 있는 게 아니겠어요
세상에
귀에서 얼굴이 피어나다니요

아름다운 것만
생각하세요

사사화

증오는 칼이다

법정스님 잠언집에서

"증오는 자신의 마음속에 든 칼이다
자신의 마음을 찢고 나와야
상대를 찌를 수 있다"

찌르지 않는다 해도
칼은 얼마나 위험한 물건인가
우리의 마음이 흔들릴 때마다
내 살을 찔러댈 것이 분명한 그것을
마음에 품고 살아야겠는가
그렇다고 억지로 꺼낼 수도 없는 그것
힘들어도 너그러운 햇살 비출 수밖에
볼록렌즈처럼 좋은 말씀들을
미움의 칼 위에 대고
흔들리는 마음 붙잡아 초점 맞추다보면
더 이상 나를 찌르지 못하고
상대도 찌르지 못하는 무딘 칼 되지 않겠는가
그러다 흐물흐물 녹아버리지 않겠는가

어둠이 없으면
눈시린 밤의
별빛도 없네

겨울이 없으면 향기론 봄의 꽃밭이 없고
어둠이 없으면 눈 시린 밤의 별밭이 없고
세상 모든 아름다운 것들은
겨울과 어둠을 거쳐 피어나는 것이니
그대 지금 슬픔 속에 있다 하여 눈물만 짓지 말아요
우리가 슬퍼해야 할 것은 슬픔보다
슬픔으로 꽃을 피우지 못하는 것이려니
그대 이미 따뜻한 가슴으로 슬픔을 안았으니
그대 가슴에 꽃이 피고 별이 뜨리니
지금 슬퍼도 슬퍼하지 말아요
그대 가슴이 꽃밭이 되고 별밭이 되면
세상 슬픈 사람들 다가와 향기를 맡고 빛을 가져가리니

한 줌 재가 되신 당신을 땅에 모시고
당신 다시 맞을 수 없는 서러운 집에 오니
막 피기 시작하던 연분홍 상사화
며칠 새 젖은 휴지처럼 시들어 있었습니다
서른일곱 홀몸으로 여섯 남매 키워내시고
이른 날 시든 꽃 되어 끝내 하늘 가신, 어머니
그러나 땅은 하늘을 향해 있고 하늘은 땅을 향해 있으니
당신께선 하늘에서 가장 향기 나는 꽃으로 피고
저는 땅에서 가장 빛이 나는 잎으로 솟고
봄마다 여름마다 땅에서 하늘에서
피고 솟고 피고 솟고 하면
당신의 향기와 나의 빛이 하늘과 땅 사이를 채워주겠지요
당신과 나의 그리움으로 세상이 더욱 아름다워지겠지요
그래서 더욱 슬퍼하고 더욱 보고 싶어하렵니다, 어머니
눈물과 그리움으로라도 당신의 은혜를 갚으렵니다
그러나, 당신은
더는 아프지 마시고 더는 자식들 걱정도 마시고
내 어릴 적 연분홍 상사화보다 곱던 모습 그대로
그냥 환하게 웃고만 계세요
어머니, 보고 싶은, 우리, 어머니

상사화

바람이 불면
작은 나무는 나무 전체가 흔들리지만
큰 나무는 흔들리지 않는 줄기가 있다
바람이 불면
얕은 물은 물 전체가 출렁이지만
깊은 물은 출렁이지 않는 심연이 있다
그리하여 큰 나무와 깊은 물은
바람이 불면
스치고 지나가게 내버려둔다

_달라이 라마의 《행복론》을 읽고

바람이 불면

스치고 지나가게
내버려두자

텅빈 것이 가득찬 것

동그라미 안에 점을 몇 개 찍었다가
그것들을 지우고
가만 들여다보고 있으면
그 안에 무언가가 넘실넘실 차오릅니다
나이가 들어가면서 젊었을 적 가졌던 욕망들을
하나씩 폐기처분하며 쓸쓸해하다가
불현듯 생각했습니다
아직 남아 있는 욕망조차 차라리 지워버리자고
그리하여 텅 비워버리자고
잃을 게 없는 사람이 두 다리 뻗고 잔다더라고
미처 지우지 못한 티끌 몇 개 남아 있지만
많이 편안해졌습니다
욕심을 지운 자리마다 무언가
맑게 채워지는 걸 느끼기 때문입니다

꽃은 화려하나 열매가 자잘한 것은
가지가 많기 때문
굵은 열매 얻으려면 잔가지를 잘라내야 한다
농부님들 겨울이면
과일나무 가지 가차 없이 잘라내도
잘라낸 자리에서 솟고 솟고 하는 것이 순이라서
허리 끊기는 아픔 견디며 또 순지르기 하는 것이다
농사라 하는 것을 인간 생존의 근본이라 한다면
우리는 농사짓는 법에서 배워야 한다
우리의 욕망 가만 두면 얼마나 많은 가지를 뻗는가
얼마나 많은 바람들이 우리 몸을 간질이는가
농부님을 마음에 모시고 살아야 한다
내놓아도 부끄럽지 않을 욕망
두어 개만 품고 살아야 한다

내놓아도
부끄럽지 않을

욕망

두어개만 품고 싶다

남과 견주어 불행에 든다지만
남과 견주어 행복에 들 수 있다
하나를 잃으면 둘 잃은 사람을 생각하고
하나만 얻으면 하나도 얻지 못한 사람을 생각한다
아홉을 얻고도 열 얻은 이를 부러워하면 불행이고
아홉을 잃고도 열 잃은 이를 생각하면 행복에 든다

마음을 잃고
말 잃은 사람을
생각한다

고마운 사람아

내가 가는 외로운 길에
기다린 듯 피어줘서 고맙고
내가 이름을 불렀을 때
어린 아이처럼 해맑게
네, 하고 대답해줘서 고마운
참꽃 같고 나리꽃 같은 당신
봄에는 쑥국에 진달래 화전 마련해주고
여름엔 우리 막내 아카시아 파마에 꽃반지 끼워주고
가을이 오면 꽃잎 감잎 모아두었다가
눈 내리는 겨울밤이면 따뜻한 차 따라주는 당신
언제나 들꽃 향기로 잔잔히 나를 감싸주어
슬픈 일 많은 때에도
슬프지만은 않게 지는 해를 바라보게 해주는 당신
꽃이 시들고 잎이 피어도
잎이 시들어 흙이 되어도
그 고마움 가슴에 안고
풀꽃처럼 들꽃처럼
당신을 사랑하겠네

손에 잡히지 않는 연기처럼
우리의 지난날들 사라져갔지만
보이지 않던 물방울들 모여
하얗게 뭉게구름 피어나는 것이니
그대의 젊음이 몰아쉰 더운 입김들도
빈 하늘 한 점 구름의 알갱이 되어
어느 마른 땅
파란 새싹 돋게 하는 빗방울 되었으리
가버린 세월 손 흔들어 놓아주고
이제 삽을 들어 오래 품어둔 묵정밭 일구시게
노동에 젖은 땀을 흐르는 물에 씻고
고운 님과 풋나물 밥상에 마주 앉으면
솔숲을 지나는 바람소리
구름 비낀 하늘에 홍건히 젖는 노을
욕심내지 않아도 다가오는 것들로
그대의 또 하루가 향기로우리

새 삶을 시작하는 벗에게

채우지
않아도
채워지는

꼭대기에 올라서야만
산을 올랐다고 생각하는 사람은
아침마다 산을 오를 수 없습니다
비오는 날, 술 덜 깬 날, 늦게 잠든 날
꼭대기만 고집하다 단념하기 쉽습니다
그러나 절반만 올라도 좋다고 생각하는 사람은
하루도 빠짐없이 산을 오릅니다
올라도 절반만 오르는 것이 아니라
꼭대기 아래까지, 아예 꼭대기까지 오르곤 합니다
몸이 무거운 날도, 한 걸음 한 걸음 오르다보면
가까운 바다를 벗어난 범선처럼
제 몸에 순풍의 돛을 달게 되더란 것을
아침마다 산을 올라보면 압니다
다 채우지 않아도 좋은 사람이
더 채워져 행복해지는 것이 이와 같습니다

흐린 숲에는
다만
결 보시게

몸이나 마음이 무거운 날에도
날마다 새벽 산을 오르는 것은
내려올 적 한 번도 오른 걸 후회한 일 없었다는
내 몸의 기억 때문이네
무거워도 걷다 보면 가벼워지고
흐릿해도 걷다 보면 맑아지더라는
수양이 부족하고 부족할 수밖에 없어
큰 나라 작은 시민으로 살아가는 우리 같은 축들에겐
따순 밥 한 끼, 정다운 사람들과 나누게 하는 것
그게 몸뚱아리 하나 아니던가
그러니 오늘 같이 흐린 날에는
생각을 내려놓고 밖으로 나가세
걷다 보면 차가운 몸에 온기가 살아날 것이네
걷다 보면 더워진 몸에서 봄날 초록 이랑 보리밭인 듯
생각의 아지랑이 모락모락 피어날 것이네

행복은 밥이다
하루 세 끼 먹으면 되는 것, 그것이 밥이다
일주일치 밥을 한꺼번에 먹는 사람은 가난한 사람이듯
일주일에 한 번 행복한 사람은 불행한 사람이다
쌀 떨어지면 쌀 구하러 나가듯
행복도 떨어지면 찾아 나서야 한다
아침엔 운동을 하고 낮에는 친절을 베풀고
저녁엔 군고구마 한 봉지 사들고 집으로 가는 것 같은
조금만 부지런해도 밥 굶지 않듯
조금만 마음 쓰면 행복도 굶지 않을 수 있다
쌀 떨어진 집안에 앉아 있는 것이 어리석음이라면
행복 떨어진 자기 안에 갇혀 있는 것은 바보짓이다

행복은
결과이다

흘러자야
흘러 피고 꽃
바라볼수 있다

홀로 걸어야
홀로 핀 꽃 바라볼 수 있다
둘이라면 나누지 못할 얘기
홀로라서 그 꽃과 나눌 수 있다
셋이라면 앞서거니 뒤서거니 가게 될 길
홀로라서 가던 길 멈추고
오래오래 그 꽃을 들여다볼 수 있다
혼자가 되는 건
낯선 곳으로 떠나는 여행 같은 것
외로워도 외로워하지 말자
느리게 걷다 보면
젖은 눈을 반짝이는 외로움들
내게 흔드는 그 손을 잡아주면
차가웠던 너와 나의 손
어느새 온기가 돋아나
세상에 새털 같은 따스함 하나
보탤 수 있으니

강아지의 길을 찾다

꽹과리를 손에 잡은 지 이십 년이 지나서야
좌도 풍물의 꽃, 외마치 혹은 갠지갱은
흘러가는 시냇물 소리 같아야 함을 알았습니다
'갠지갱/갠지갱/갠지갱/갠지갱'
'갠지갱' 하나가 끝없이 이어진 듯하지만
모든 '갠지갱'이 다 다른 '갠지갱'입니다
오랜 세월 강약의 길을 방황하다가
지금은 대략 '강 약 중강 약'으로 머물고 있습니다
많이 편안해지긴 했지만
규칙적인 게 물소리의 자연스러움만 못합니다
노동과 세상에 지친 이들을 일어나 춤추게 하고
내도 덩실 뫼도 덩실 신명천지 이루려면
강과 약, 채움과 비움에 대해 더 많이 명상해야 합니다
십 년쯤 더 '갠지갱' 하나 쳐보겠습니다

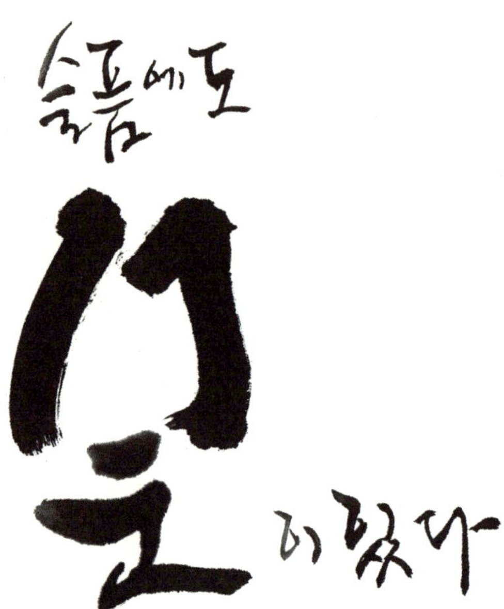
슬픔에도
이 있다

슬픔에도 문이 있다
가만두면 열리는 문이 아니라 닫히는 문이다
닫힌 문 안에서 나의 슬픔이 나의 슬픔을 껴안고
더 큰 슬픔을 만들어낸다
동종교배다
우리 안의 짐승들처럼
점점 더 나약한 슬픔이 되어
문을 열고 나올 수 없게 된다
슬픔은 다른 이의 슬픔을 만나야 한다
자기보다 큰 슬픔이어도 좋고
자기보다 작은 슬픔이어도 좋다
큰 슬픔 만나면 슬픔을 거둬들이고
작은 슬픔 만나면 슬픔을 나눠주고
서로 다른 슬픔들이 만날 때
고욤나무 뿌리 위에 감나무 줄기가 뻗어 오르듯
슬픔이 슬픔을 딛고
슬픔의 문을 박차고 나올 수 있다

빈 우체통에 둥지를 틀었던 딱새 한 쌍이
어린 새끼들을 데리고 떠난 날
그 안을 들여다보았다
빈 둥지 말고는 아무것도 없었다
아무것도 가져간 게 없을 텐데
그곳엔 아무것도 없었다
가난이란 가진 것이 있을 때
가난한 것이었다
갖고자 하는 것이 많을 때
더 가난해지는 것이었다
가지면 가질수록 가난해지고
버리면 버릴수록
가난해지지 않는 것이었다

새들처럼 가볍게

나쁜 말 들으면

아주 나쁜 말도 스치고 지나가는
바람이거니 여기는 무심함이 필요한 것
좋은 말 아닌 것 하나하나에
마음을 쓰는 건 마음의 낭비다
상대는 무심히 말해놓고 잊었는데
나만 상처로 새기고 있는 건 바보짓이다
나쁜 말 들으면 담아두지 말고 버려야 한다

무심코 던진 말이 상처가 되는 일이 많다
나쁜 말은 스스로 알고 삼가기도 하지만
좋은 말 아닌 것은 자각이 어려워 무심히 하게 되는데
그런 말에 상처를 입는 마음들이 뜻밖에 많다
좋은 말 아니면 무조건 삼가야 한다

좋은 말 아니면

사람답게

외딴길을 가는데
사냥개 세 마리가 달려왔다
나는 그 자리에 가만 멈춰 섰다
바지 자락에 입질을 하며 으르렁거리는
검은 짐승들 앞에서 차라리
먼 경치를 바라보며 서 있었다
개들이 물러났다

행복은
결이다

행복은 밥이다 하루 세끼 먹으면 되는 것
그것이 밥이다 일주일치 밥을 한꺼번에
먹는 사람은 가난한 사람이듯 일주일에
한번 행복한 사람은 불행한 사람이다
쌀 떨어지면 쌀 구하러 나가듯 행복도
떨어지면 찾아 나서야 한다 아침엔
운동을 하고 낮에는 친절을 베풀고 저녁엔
군고구마 한 봉지 사들고 집으로 가는 것 같은
조금만 부지런해도 밥 굶지 않듯 조금만
마음 쓰면 행복도 굶지 않을 수 있다 쌀
떨어진 집안에 앉아 있는 것이 어리석음
이라면 행복 떨어진 자기 안에 갇혀 있는
것은 바보짓이다

3장

오늘도 사랑합니다

함께 가는
아름다운 세상

함께 나누는 아름다운 세상

소망에 머물지 않고 우리가 힘 모아
지금 만들어가야 할 세상입니다

오가니즘

사과 하나 둘로 쪼개면
나눔의 행복을 얻을 수 있지
받는 것이 기쁨이라면 주는 것은 행복인 거야
더 많이 나눌 수 있는 걸 열심히 마련해가며
비록 지금 가진 것 없어도
조그만 마음 한 조각 내어놓는 게
행복의 시작인 거야

나

가난하지 않으니

햇살 한 줌 내어놓겠다

언덕 위 한 그루 나무가 외롭지 않은 것은
지나가다 말 걸어주는 바람 한줄기
손등 살짝 건드려주는 햇살 한 줌 때문이다
나, 바람 한줄기 햇살 한 줌
내놓지 못할 만큼 가난하지 않으니
나도 누군가의 외로움 곁에 서 있어줄 수 있겠다
내가 다가가지 않으면 홀로일 사람 곁에
나도 따뜻한 햇살 한 줌 되어줄 수 있겠다
그런 외로움 하나 찾아낼 수 있다면
나도 외롭지 않을 수 있겠다

창문을 열면 바람이 들어오듯
마음을 열면 마음이 들어오고
생각을 열면 생각이 들어온다
들어온 마음과 생각을 모아 담으면
내 작은 방 밝혀주는 촛불 하나 되었다가
촛불이 촛불을 부르면
들녘 어둠 밝히는 횃불이 된다

절면
들려온다

낯선 산촌에 터를 잡고
날마다 십 리쯤 되는 길을 걸어서 출근하다 보니
차를 타고 지나치는 사람들에게
내가 꽤 유명해졌더란다
그러나 나를 빠르게 스쳐가는 그들
내게는 무명할 뿐
내게 유명으로 다가오는 것들 따로 있었으니
봄에서 가을까지 길가에 피고 지는 자잘한 것들
도시에 살던 나에겐 이름 모를 꽃들이었던 것들
현호색 봄맞이 애기똥풀 무릇 별꽃 마타리…
어느 것 하나 이름 없는 것이 없었다
별것 아니었다
걷는 것이 바로 유명으로 가는 길이었다

유명으로 가는 길

꽃향기 가득한 교실

시골 살이 십여 년에
웬만한 들꽃 이름은 다 안다고 자부하면서도
꽃이 피기 전에는
무슨 꽃이 필지 모를 때가 많다
어느 날 보면 양지꽃이 피어 있고
어느 날 보면 산붓꽃이 피어 있고
꼭 우리 아이들 같다
학년 초 교실에선 공부 잘하는 아이들만 꽃이 되고
이름 모를 풀잎들이기만 하던 아이들이
교실을 벗어나면
어떤 아이는 인사꽃, 어떤 아이는 청소꽃
어떤 아이는 봉사꽃, 어떤 아이는 독서꽃
체육대회 땐 운동꽃, 소풍 땐 멋쟁이꽃, 축제 땐 재주꽃……
봄부터 가을까지 화들짝 피고 피고 하다가
겨울이 되면 온 교실이
반짝이는 눈과 눈, 눈꽃 향기로 가득하다

절대로

상처가

낫지 않게

찔러도 피가 나지 않는
뭉퉁한 나무토막 하나
내 안에 품고 살고 싶다
힘주어도 부러지지 않는
몽당연필도 한 자루 품고 살고 싶다
미운 사람 만나면 미운 만큼 찌르고
나쁜 세상 만나면 나쁜 만큼 그어도
피가 나지 않고 상처가 남지 않는
순한 미움 몇 점 내 안에 품고 살고 싶다
찌르고 긋다가 더 부드러워진 그것들로
땅바닥이나 종이 같은 것에
좋은 그림도 한 장 그려보고 싶다

우리네 삶 뜬구름 같다지만
구름 없으면 산은 얼마나 쓸쓸할까
햇볕 따가울 때 그늘을 드리워주고
작은 생명들 품어 기를 수 있게
비 내려주는 구름이 있어
산은 허공중에도 외롭지 않다
산이 외롭지 않다면 구름도 외롭지 않은 것이다
머물 곳 없이 흘러만 가야 한다면
구름은 얼마나 고단할 것인가
무거워진 몸 내려놓았다가
다시 하얗게 피어날 수 있는 산이 있어
구름은 먼 길 가볍게 간다
우리네 삶 뜬구름 같다지만
푸른 산 같은 벗들이 있어
우리네 삶 무상해도 허무하지 않은 것이다

구름가는 길에 산 있어 좋아라

한때는 한 집의 기둥이고 서까래였던 나무들
새로 지은 옆집 귀퉁이에
땔감으로나 쌓여 있는 걸 보며
오래된 빈집의 나무들은 우울했다
어느 날 마당에 사람들이 들이닥치자
드디어 올 것이 왔구나, 눈을 질끈 감았다
천장이 뜯기고 흙벽이 헐리고
기계톱 소리가 요란했다 그러나
며칠이 훨씬 지나도 들려 나가는 큰 나무 없고
외려 새 나무들 들어와 공기가 풋풋해졌다
어안이 벙벙할 뿐인데
어느 날 꽹과리 장구 소리 울리고
마을 사람들 모여 막걸리를 부었다
새 나무보다 원래 있던 나무들이 훨씬 태가 난다고
칭찬하는 소리도 똑똑히 들려왔다
오래된 나무들, 새로 든 젊은 주인 부부
예쁘고 고마워서 눈물이 났다

오래된 새 집

오래된 나무들의 기쁜 눈물

날카로운 플라스틱 조각으로도
긁혀지지 않던 자동차 유리의 성에가
한 줌 햇살에 스르르 녹아버리는 것을 보았습니다
따뜻한 마음이 언 세상을 녹입니다

햇살한줌

꽃이 핀다 해도 보이지 않고
잎이 핀다 해도 반짝이지 않고
얽히고설킨 가지 위엔 벌레가 들끓었다
그리하여 향나무 가지를 치는 일이
내게는 노동일뿐이어서
내년엔 건너뛰어 볼 양으로
입대 군인 머리처럼 싹둑싹둑 쳐냈더니
잘린 가지와 잎들이 산더미 같았다
그러고 보니 나무에게 좀 미안하고
저러다 줄기마저 죽고 마는 것 아닌가 싶어
자꾸만 바라보게 되었는데
어느 날 향나무 줄기가 내 눈 앞으로 다가왔다
잘리고 꺾이면서 굵어진 줄기가
잔가지와 잎에 가려 보이지 않던 줄기가
달빛 아래 힘차게 근육을 내보이며 서 있었다
열 번째 가지를 치고 난 어느 날이었다

오래 보아야 보인다

동네 길 내려가는데 깡통 하나 뒹굴기에 재활용품 모아두는 전봇대 밑에 갖다 놓았다 큰 길가에서 완행버스 기다리던 소월이 엄마 만나 무풍으로 직장 다닌단 소식 들었다 도로변에 납작 깔린 개구리 사체 있어 풀숲으로 밀어 넣어주었다 팬션하는 병우 아빠 마당을 정리하다 인사했다 병준이가 컵라면 봉지 들고 터덜터덜 걸어왔다 야간근무했구나 딴 데 알아본다더니 마땅한 데가 없네요 하며 힘없이 웃었다 가게 앞 쓸던 이발사가 좋은 아침입니다 했다 터미널에 새벽마다 산에서 만나는 아주머니 신문 받으러 나와 있었다 버스가 도착하자 작년까지 가르쳤던 아이들이 우르르 내리며 인사했다 어떤 할머니 무거운 짐 대신 들고 차에 올랐다

걸으면 볼일이 많다

낮추면
보인다

경복궁 근정전의 아름다움을 보려면
남쪽 회랑 열몇 번째 기둥 앞에서
약간은 민망하게 쪼그린 자세로
오른쪽 처마를 보라고 한다
흘러내리는 처마선이 뒤에 선
북악의 능선으로 이어지는 걸 보아야
비로소 옛 사람의 마음을 읽을 수 있다 한다
아름다움은 그렇게 숨겨져 있고
알면 보이고 공 들이면 더 잘 보인다 할 것인데
그대는 늘 엉뚱한 곳에 서서 탓만 하지 않았더냐고
삶의 아름다움을 꿈꾸는 자라면
남보기 민망해도 꾸부정 허리를 꺾고
아름다움이 보일 때까지 보고 또 보라 한다

미운 사람과 헤어질 땐
속은 후련해도 마음은 흐린데
정다운 사람과 헤어질 땐
속은 아릿해도 마음은 맑다
물건도 그렇다
내 손에 맞아 오래 쓴 연장이나
내 몸에 잘 맞아 오래 입은 옷과 헤어질 때
참 아쉽다, 그래서 버리지 못하고 넣어둔
랜드로바 신발이 하나 있었다
등산화 밑창 바꿔달라 보낼 때
문득 그것이 떠올라 함께 보내봤다
두 신발이 돌아왔는데
랜드로바에도 등산화 밑창이었다
처음엔 어색하더니 자꾸 신다 보니 편안해져서
직장 갈 때 여행갈 때 가벼이 등산할 때
신고 신어서 일 년이 되었는데 아직 생생하다
반년이나 일 년은 더 신을 수 있겠다 싶은데
그때쯤이면 헤어지는 마음 더 맑을 것 같다

자동차 변속기가 탈이 났다
고치려면 큰돈이 들 거라고 했다
아내도 이참에 차를 바꾸자고 했다
고민하던 날 밤 꿈에 돌아가신 어머니가 다녀가셨다
한 번 더 고쳐 타보기로 했다
십이 년 됐다지만 고치면 탈 수 있는 차를
폐차장으로 보낼 순 없었다
멀쩡한 핸드폰을 바꾸고 냉장고를 바꾸고
집을 바꾸고 고향도 바꾸고 사람도 바꾸는 세상
수리공장에서 여기저기 손볼 데가 많아
견적이 많이 나온다는 연락이 왔다
잘만 고쳐달라 하고 아내에겐 말하지 않았다
며칠 후 봄비 맞은 나무처럼 차가 파릇해져 있었다
다시 탈나는 날 가까이 온다 해도
그날까지 우리 정답게 지내자고 차에게 속삭였다

오래된
새 차

올라갈 때
가진 힘
다 쓰지 마라

올라갈 때 못 본 그 꽃
내려올 때 보려면
내려가는 발걸음이 가벼워야 한다
올라갈 때 가진 힘을 다 써버린 사람은
내려가는 길이 더 힘들다
산에서 일어나는 사고도 대개
내려오는 길에 일어난다
후들거림 없이 짱짱한 걸음으로 걸을 수 있어야
올라갈 때 나누지 못한 얘기 나눌 수 있고
올라갈 때 보지 못한 꽃
걸음 멈추고 들여다볼 수 있다
하여 내려올 힘을 남겨두고
오를 수 있는 산을 올라야 한다

주지 않고
가만히
놓아둔다

체로키 인디언들은 선물을 주지 않는다
가만히 놓아둔다
받을 이의 눈에 뜨일 만한 곳에
받을 이에게 필요할 것 같은 것을
살그머니 놓아둔다
받는 기쁨에 발견의 즐거움이라니
대체 이런 선물법을 어디서 배웠을까
생각하며 걷는데
저만치 못 보던 꽃이 피어 있었다
다가가 보니 그 너머에 산딸기가 검붉게 익어 있었다
한 움큼 따서 입에 넣다가 나는 알았다
누군가 나의 아침 산책길에 놓아두고 간 것이었다
땅을 어머니라 부르며 살아온 그들은
그렇게 배웠으므로 그렇게밖에 선물할 줄 몰랐던 것이었다

_포리스터 카터의 《작은 나무야 작은 나무야》를 읽고

매끈하게 다듬어진 목재로 짓는 요즘 집들이
생긴 대로 가져다 지은 옛날 집보다
오래가지 못한다 한다
뒤틀린 것은 뒤틀린 대로 쓰고
굽은 것은 굽은 대로 쓰고
기둥도 길고 짧아 초석이 다 다른 것이
궁색하게 겨우겨우 지어진 것 같아도
그렇게 짓는 것이 정답이었다 한다
다듬어진 목재들은 언젠가
숨겨진 벽(癖)들이 드러나 집을 뒤틀리게 하지만
드러난 벽을 보고 맞춰 지은 집은
나무는 뒤틀려도 집은 뒤틀리지 않는다는 것이다
그리하여 일꾼을 쓸 때도 찾아온 사람 가리지 않고
그에게 맞는 일을 시켰다는 것이다

_니시오카 츠네카츠의 《나무의 마음 나무의 생명》을 읽고

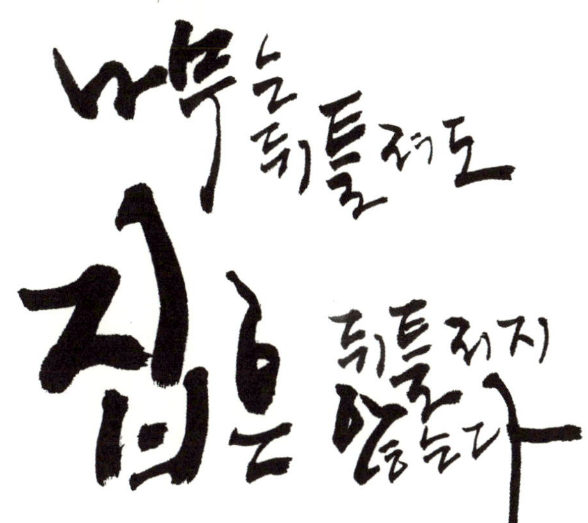
나무는 뒤틀려도
결은 뒤틀리지 않는다

장작
몇 개로도
모닥불
피울 수 있다

장작 몇 개론 불을 피울 수 없다고 말하는 사람들 많지만
가진 장작 몇 개 더 잘게 쪼개어 우물 정자로 쌓아놓고
신문지 두어 장으로 불을 지펴서
쪼그려 둘러앉아 손불을 쬐고 있는 사람들 있다
그들이라 해서 오래도록 활활 타오르는
굵은 참나무의 풍요로움을 모르는 것이 아니다
불꽃이 잦아들고 선홍빛 숯불이 되면
고구마나 감자를 구워먹는 그 단맛도 모르는 것이 아니다
다만 가진 것 없는 사람들은
언 손이라도 녹일 수 있는 작은 불이 절실한 것
그래서 서로 가진 것 쪼개고 또 쪼개어
여럿이 함께 쬘 수 있는 작은 불을 만들어내는 것이다

마라톤을 하다 보면 멈췄다 뛰는 것이 더 힘들다
백 미터 달리기를 하다 갑자기 멈춰야 한다거나
자동차가 급정차를 하려 하면 크게 위험하다
멈추기 위해선 멈출 수 있는 속도로 가야 한다
빠르게 걷고 있어도 못 보던 꽃 보았을 때
갑자기 멈추기란 쉽지 않다
천천히 걸어야 쉽게 멈출 수 있다
천천히 걸으면 멈추지 않아도 꽃을 바라볼 수 있고
멈추지 않아도 그 꽃과 얘기를 나눌 수 있다
멈춰 설 수 없는 것이 우리네 길이라면
멈추지 않고 꽃을 바라보는 법을 익혀야 한다

멈추지 않고 바라보는 밤

읍에서 열리는 나눔 행사를 알렸다
그날이 되도록 아무도 답글이 없었다
혼자선 착한 일도 춥고 쓸쓸했다
왁자한 식당에서 말을 잃고 밥만 먹고 있는데
선배 교사 한 분이 마주앉으며
오늘 누구 차로 가느냐 물었다
뜨거운 물을 부은 듯
내 마음에 새하얗던 성에가 사르르 녹아내렸다
외로움을 지우는 건 순간이었다
외로움을 지우는 건 한 사람의 목소리였다
지금 바람 속에 떨고 있을 누군가에게
한없이 절실한 한 사람의 목소리
그것이 내게도 있는 것이었다

외로움을
지우는 건
단 한 사람의
목소리다

주름가는 길에 산 있어 좋아라

우리네 삶 뜬구름 같다지만 구름 없으면 산은 얼마나 쓸쓸할까 햇볕 따가울 때 그늘을 드리워주고 작은 생명들 품어 기를 수 있게 비 내려주는 구름이 있어 산은 허공 중에도 외롭지 않다 산이 외롭지 않다면 구름도 외롭지 않은 것이다 머물 곳 없이 흘러만 가야 한다면 구름은 얼마나 고단할 것인가 무거워진 몸 내려놓았다가 다시 하얗게 피어날 수 있는 산이 있어 구름은 먼길 가볍게 간다 우리네 삶이 뜬구름 같다지만 푸른 산 같은 벗들이 있어 우리네 삶 무상해도 허무하지 않은 것이다 나현

4장

오늘도 희망합니다

당신이 있어

세상이 환합니다

누군가는 사막이 아름답다 말하기도 하지만
모래뿐인 사막은 결코 아름다운 땅이 아닙니다
아름다운 건 사막 가운데
살아서 꽃피운 나무이고 마르지 않는 샘일 뿐
사막은 무서운 땅입니다
누군가는 대한민국이 아름답다 말하기도 하지만
아프고 슬픈 이 많은 대한민국은
결코 아름다운 나라가 아닙니다
아름다운 건 고통과 슬픔 속에서도
진실을 밝히려고 했던 사람들
고향 땅을 지키려고 목놓았던 사람들
불의와 부당함에 맞서 몸 던진 사람들
가난하지만 더 가난한 이웃들과 나누는 사람들
작은 생명도 제 몸처럼 생각하는 사람들
이런 이들 곁에서 함께 가슴 젖어 있는 사람들
바로 당신과 당신입니다
당신과 당신이 있어 사막 같은 세상이 환합니다

바라보는 이 불러주는 이 없어도
제 이름으로 계절을 물들이는 풀꽃들 참 많습니다
발그레한 연둣빛 봄 들녘
실은 하얀 냉이, 노란 꽃다지, 분홍 광대나물꽃이 만드는 세상입니다
사람들은 화려한 단풍나무를 찾아가다가
어, 들국화도 많이 피었네 하지만 들국화란
연보라는 쑥부쟁이, 하양은 구절초, 노랑은 산국입니다
저마다 제 이름을 걸고 피는 꽃들로 가을 향기가 납니다
바라보는 이 불러주는 이 없어도
해마다 작은 풀꽃들 어김없이 피었다 지겠지만
우리가 저마다의 이름 하나하나 정답게 불러준다면
작은 풀꽃들 얼마나 신명나게 이 강산을 물들일까요

풀꽃들에게
이름을 불러주자

정체된 천변도로 차 안에서
어둠이 내리자 보이던 왜가리 사라지고
서녘 하늘에 별이 나타났다
그 때 갓 두 돌 지난 아이가 한 말

“큰 새는 날아가고 별만 보이네!”

나는 생각했네
세상이 어두워도
맑은 눈 있으면
아름다움을 볼 수 있고
세상이 소란스러워도
예쁜 입 있으면
기쁨을 말할 수 있겠구나
아이들처럼
웃을 일 많아지겠구나

그새는
날아가고
별만 보이네

강의 끝에 와서 알았습니다
남들의 눈엔 모든 물이 다 같은 탁류로 보이겠지만
물의 길들은 제각각이었습니다
어떤 물은 들녘을 지나느라 농약으로 취해왔고
어떤 물은 도시의 길 위에서 피부병부터 앓고 왔습니다
그러나 나는 당신 위에 떨어져
나뭇잎에 사뿐히 내려앉아 가지를 타고 줄기를 지나
당신께서 오랜 세월 곱게 발효시킨 부엽토를 지나
당신의 뿌리까지 지나
비로소 흐르는 맑은 물이 되었습니다
강의 끝에 와서 알았습니다
당신께서 나의 몸을 가장 정갈히 씻어주신 것은
검은 물 흐르는 세상에
맑은 물 한줄기로 섞여
강의 끝까지 흘러가라는 뜻이었음을

뿌린 대로 거두어지지 않는다고 슬퍼하지 말자
뿌린 대로 거두어진다면 씨 뿌리지 않을 자 누가 있겠는가
지금 씨를 뿌리고 있는 사람들은 알고 있다
뿌린 대로 거두어지진 않아도
뿌린 만큼 더 거둘 수 있다는 것을
씨앗은 질긴 생명이어서
켜켜이 쌓인 낙엽 아래 누웠다가도
어느 날 햇빛이 다가가 부르면 번쩍 손들고 나오기도 하고
천 년 무덤 속 어둠을 딛고
연못으로 걸어가 꽃을 피운 씨앗도 있다
뿌린 대로 거두어지지 않는다고 슬퍼하지 말자
우리가 뿌려야 할 씨앗들 뿌리고 또 뿌리다보면
씨앗이 씨앗의 거름이 되어
씨앗이 씨앗을 땅 위로 솟아오르게 할 것이니

씨앗이 씨앗의

거름이 되저자

다른 이 손잡고

지금 우리가 손잡아야 할 사람은
우리가 아니라 다른 이들이고
마침내 손잡아야 할 사람은 저들입니다
저들과도 손잡을 수 있어야 평화가 옵니다
우린 이미 손잡았으니 놓치지 말고

높은 산을 오르는 단 하나의 방법은 한 걸음 한 걸음 걷는 것뿐이다
눈 덮인 산 오르는 것도 한결같이 한 걸음씩 걷는 것뿐이다
느려도 작아도 높은 산 오르는 한 걸음이 큰 걸음이다

한 걸음

손에 든 촛불은 흔들려도
촛불 곁에 촛불이 앉고
촛불들 곁에 촛불들 모이면
밝은 날 오지 않았다 해도
우린 이미 향기로운 촛불 꽃밭에 앉아 있는 것이니
어둠이 깊을수록 더욱 빛나는 별들 바라보며
우리들의 이야기 도란도란 나누다 보면
문득 여명은 밝아오는 것이니
벗들 손에 촛불 있어 지구별 반짝이는 것이니

촛불꽃밭

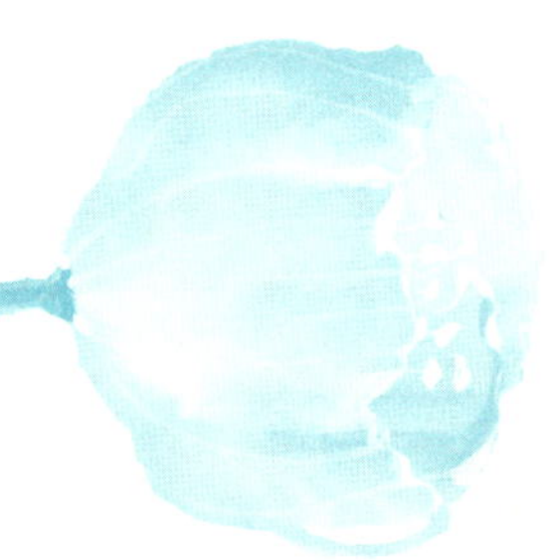

오르막이다 멈추지 말고
내리막이다 서둘지 말고
벗들 손잡고 먼 길 힘차게

뚜벅뚜벅

우리는
모두
씨앗이다

우리는 모두 씨앗이다
피는 계절 크기와 색깔은 달라도
땅에 떨어진 씨앗들
한번은 싹을 틔워 꽃을 피우듯
사랑결로 지상에 날아온 우리
언젠가 한번은 꽃이 될 씨앗이다
씨앗인 내가 씨앗인 나를 믿자
어둠 밖으로 손을 내밀자
햇빛과 바람과 비가
손을 잡아줄 것을 믿자

새봄서첩

봄이면 피어나는 잎들
지난해와 닮았지만 똑같은 것 아니다
언제나 봄은 새봄, 잎은 새잎
새봄처럼 새잎처럼 새롭게 피어나자

흐르고 흘러가는

밤이 되면 더욱 소리 내어 흐르는 물도
물은 물일뿐이라고 말하는 사람들이 있다
앞서 간 물의 길을 다만 흘러갈 뿐이라고
둑을 넘나드는 큰물도 결국은
옛길로 돌아와 잠잠해진다고

물 가까이 사는 사람들은 안다
큰비가 지나고 나면
물의 얼굴이 얼마나 빛나는지
발 저림에서 벗어난 바윗돌들이 얼마나 시원해하는지
큰물이 아닌 때라도
물 속 작은 것들을 위해
물들이 얼마나 제 몸 뒤척이는지

앞서 간 물의 길을
눈 감고 따라가는 물은 없다
가야 할 길이기에
제 눈 똑바로 뜨고 흘러가는 것이다
앞서 간 물이 그랬듯 한시도 쉬지 않고
제 길을 쓸고 닦으며 가는 것이다
낮의 사람들이 남기고 간 흔적을 지우기 위해
밤이면 더욱 소리 내어 흘러가는 것이다

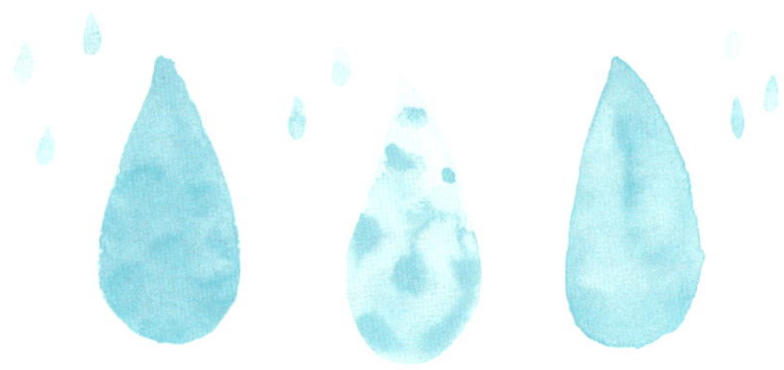

아빠와 아이가 시소 타기를 하려면
아이 쪽에 누군가가 앉아주어야
균형 있고 탄력 있게 놀이를 즐길 수 있다
중립이란 약자 편을 들어주는 것이다
그런 까닭에 교황께서는 노란 리본을 다셨던 것이다

중립

약자를 편드는 것

큰 산만 산이 아니고 큰 강만 물이 아니다
낮아도 산이 되어주는 동산
가늘어도 물이 되어주는 개울이 있어
우리 강산 푸르다
높은 산을 바라고 너도 나도 위로 치솟을 때
넓은 바다를 바라고 너도 나도 아래로 내달릴 때
자잘한 짐승들과 풀꽃들과의 만남
못내 아쉬워 길 떠나지 못하는
그러나 끝내 산이 되고 강이 되는
저 작은 동산과 개울이 있어
우리 강산 푸르다

어여쁜 뒷동산 앞개울

이랑 고랑이 없는 밭은 없다
농부는 봄이 되면 땅을 갈아
이랑 고랑 뒤섞어
이랑 고랑 새로 만든다
이랑 고랑
조금 높게 조금 낮게 평등하다

밭이랑 밭고랑

조금 크고
조금 작게

출렁이지 않는 바다는 없다
높은 마루 낮아지고 낮은 골 높아져
바다는 평화롭다
조금 기쁘게 조금 슬프게 평화롭다
모두 작거나 모두 클 수 없다면
조금 작고 조금 큰 것이 평화로운 것이다
사납게 높은 마루가 사납게 낮은 골을 만들어
모든 걸 삼키는 무서운 너울이 되는 것이니

어둠이 내려도 길은 잠들지 않는다
구불구불 산허리를 돌아서 가도
길의 끝에는 언제나 마을이 있고
마을과 마을엔 기다림의 불빛이 있다
흐린 날이라도 쉬이 걸음을 멈추지 말자
잠들지 않고 깨어 있는 길들을 생각하자
모난 바윗돌 가파른 길일수록
더 절실히 누군가에게 내어준 길이 아니겠는가
그리하여 그 길을 걷는다는 건
누군가 남기고 간 더운 입김에 나의 입김을 더한다는 것
우린 그 길 위에서 따뜻해질 수 있다
어둡고 흐린 길 위에서
우린 더욱 뜨거워질 수 있다

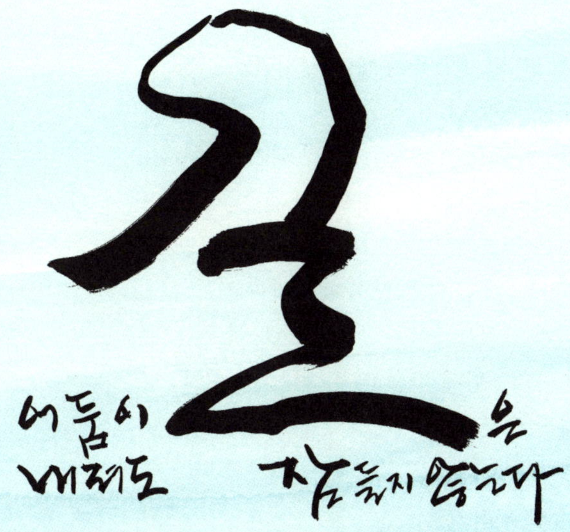
어둠이 내려도
길은
잠들지 않는다

억울한 일을 당했을 때
억울함을 씻으려면 대갚음해 주면 되지만
대갚아주지 못할 때 더 억울하다
더 억울함을 씻으려면 더 대갚아주면 되지만
더 대갚아주지 못할 때 더더 억울하다
더더 억울함을 씻으려면 더더 대갚아주면 되지만
더더 대갚아주지 못할 때 더더더 억울하다
하여 더더더더… 억울하여
더더더더더… 억울함에 가슴 터져 죽는다
억울함은 당장 대갚는 게 아니다
푸는 것이다
술로도 풀고 땀 흘려서도 풀고
명상으로도 풀어야 하지만
제일은 사람에게 푸는 것이다
이 사람에게도 풀고 저 사람에게 풀고
풀고 풀어서 모두에게 억울함을 나눠줘야 한다
모두를 억울하게 해서
모두의 억울함으로 억울함을 대갚아야 한다

억울함도
함께
나눠야 한다

반딧불이처럼

반딧불이가 도시를 싫어한다는 건 오해다
도시엔 이미 화려한 조명과
즐거운 음악이 넘치고 있었으므로
굳이 있어야 할 까닭이 없었으므로
반딧불이는 도시로부터 멀리
작은 바람에도 흔들리는 나뭇잎 소리
아득한 어둠 속에서 깜박이는 맑은 별들
착하고 외롭게 살아가는 사람들 곁으로
스스로 옮겨왔을 뿐이다
반딧불이가 반짝이는 것도 누굴 위해서가 아니다
오직 자기 존재를 완전케 하기 위해
가장 고요하고 어두운 곳에서
제가 가진 전부인 빛을 내어놓고 있을 뿐이다
세상 가운데
당신이 그런 것처럼

식탁 위의 정의

식사를 준비할 때마다 어머니들은
남편에 맞출까 아이들에 맞출까
잠시 생각하지만 고민은 깊지 않다
남편 입맛에 맞는 것, 아이들 입맛에 맞는 것
적당히 나눠 만든다
어르신이 계시다 해도
그분들 입맛에만 맞추지도 않는다
만드는 이는 다소 번거롭고
먹는 이는 다소 아쉽지만
여러 음식이 어우러져 식탁 위에
밥 냄새 같은 평화가 오른다
칼자루를 쥐었다고 누구만을 위할 때
식탁의 평화는 깨진다
칼자루를 쥐고서도 고루 헤아리는
우리들 어머니의 마음이 정의다

도둑의 마음으로 살면 도둑이고
부처의 마음으로 살면 부처라면
그 아이들은 천사가 되었으리
잠기어가는 배 안에서
공포와 원망 앞에서 마지막 남긴 말
엄마 아빠 죄송해요 그리고 사랑해요
가만히 있으란 어른들의 말
그대로 따랐던 착한 영혼들
죽음 앞에서 끝내 사랑의 마음 품었으니
천사의 마음 아니고 무엇이리
짐승으로 살아온 우리 이제라도
그 천사들 가슴에 모시고 살아간다면
다시 사람으로 거듭날 수 있는 부끄러운 축복
그러나 이마저 우리가 저버린다면
우리는 얼마나 더 무서운 괴물이 되는 것인가
사람과 괴물의 길이 우리 앞에 있으니
천사가 된 아이들
더는 슬프게 하지 말아야 하는 것이니

사람과
마을의 길
우리 앞에 있으니

풀꽃들에게
이름을 불러주자

바라보는 이 불러주는 이 없어도 제 이름으로 계절을 물들이는 풀꽃들 참 많습니다 발그레한 연두빛 봄 들녘 실은 하얀 냉이 노란 꽃다지 분홍 광대나물꽃이 만드는 세상입니다

사람들은 화려한 단풍나무를 찾아가다가 어. 들국화도 피었네 하지만 들국화란 연보라는 쑥부쟁이 하양은 구절초 노랑은 산국입니다 저마다 제 이름을 걸고 피는 꽃들로 가을 향기가 납니다

바라보는 이 불러주는 이 없어도 해마다 작은 풀꽃들 어김없이 피었다 지겠지만 우리가 저마다의 이름 하나 하나 정답게 불러준다면 작은 풀꽃들 얼마나 신명나게 이 강산을 물들일까요

글 · 캘리그래피 나승인

1판 1쇄 인쇄 2015년 4월 20일
1판 1쇄 발행 2015년 4월 27일

발행인 신혜경
발행처 마음의숲

대표 권대웅
편집 권해진 송희영 김보람
디자인 여만엽
마케팅 노근수

출판등록 2006년 8월 1일(105-91-03955)
주소 서울시 마포구 동교로 144-13(서교동, 2층)
전화 (02) 322-3164~5 | 팩스 (02) 322-3166
페이스북 facebook.com/maumsup
ISBN 978-89-92783-89-7 (03810)

값은 뒤표지에 있습니다.

마음의숲에서 단행본 원고를 기다립니다.
따뜻하고 생동감 넘치는 여러분의 글을 maumsup@naver.com으로 보내 주세요.